8°V
8291
(11-)

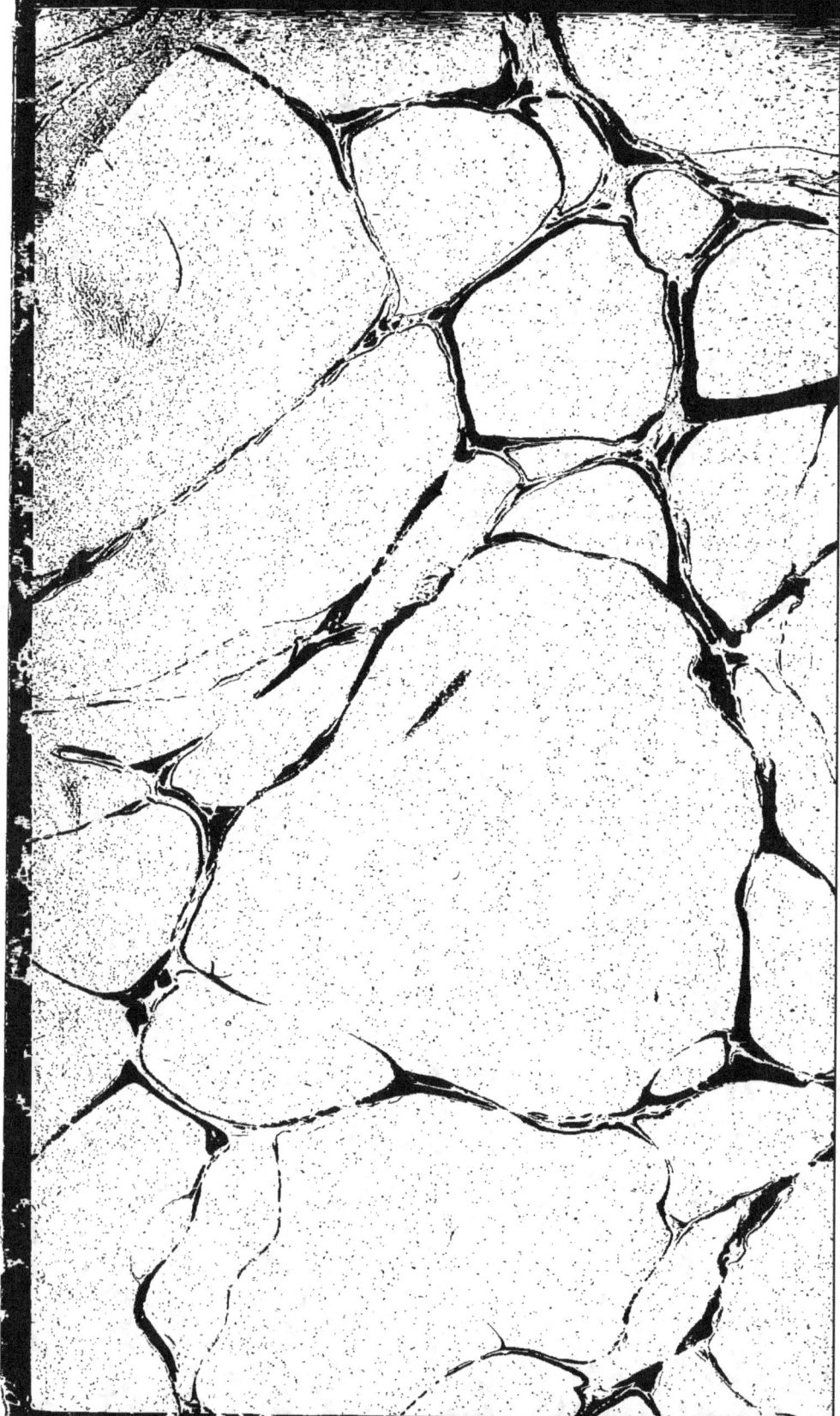

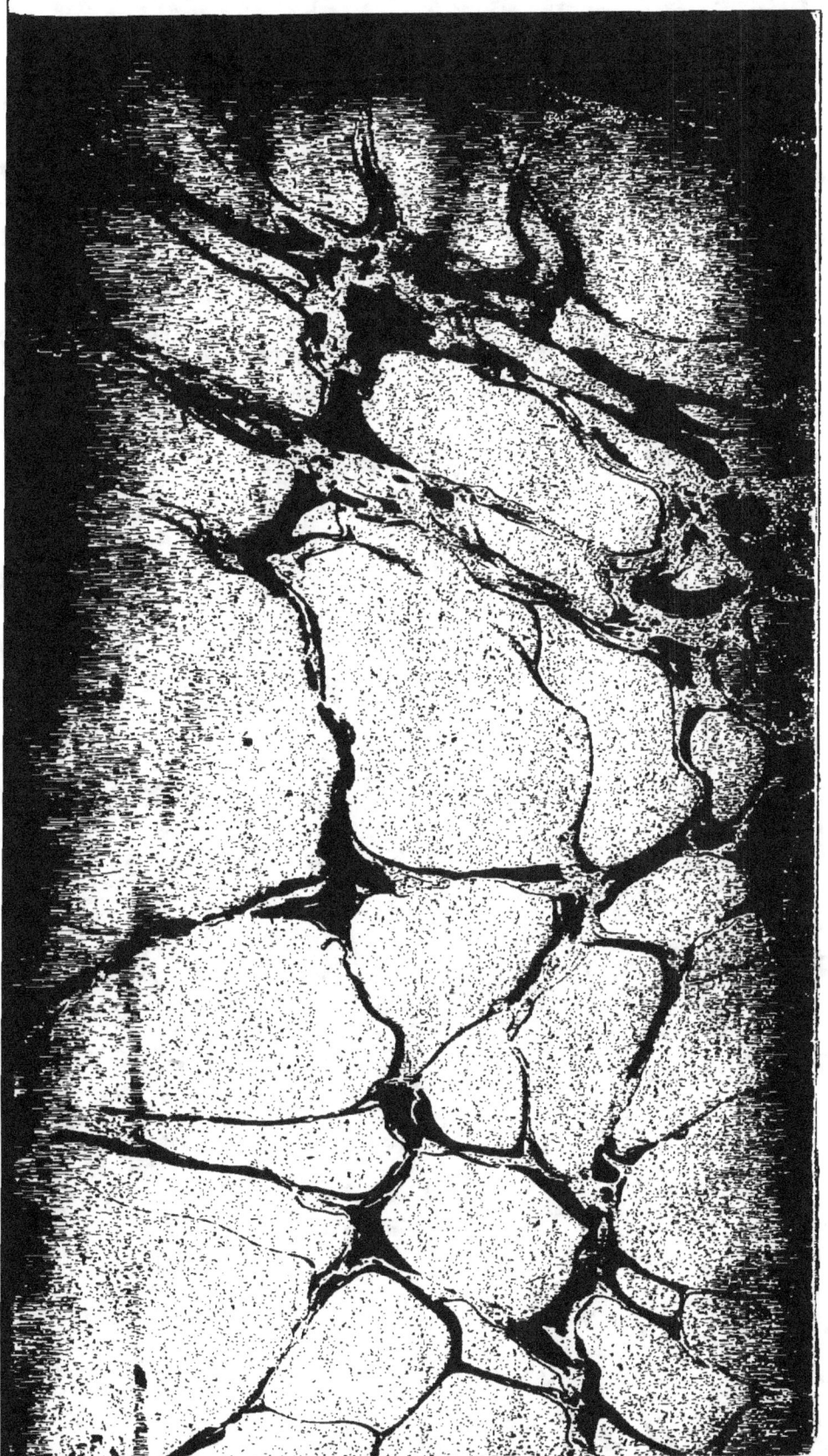

COLLECTION DES LIVRETS

DES ANCIENNES EXPOSITIONS

DEPUIS 1673 JUSQU'EN 1800

SALON DE 1748
XIV

PARIS
LIEPMANNSSOHN ET DUFOUR
ÉDITEURS
11, rue des Saints-Pères

SEPTEMBRE 1869

EXPOSITION

DE 1748

—

XIV

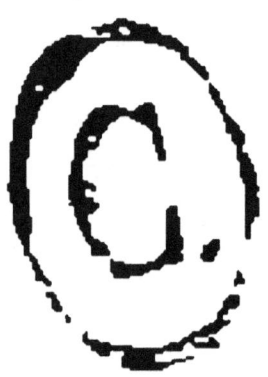

COLLECTION

DES

LIVRETS

DES

ANCIENNES EXPOSITIONS

DEPUIS 1673 JUSQU'EN 1800

EXPOSITION DE 1748

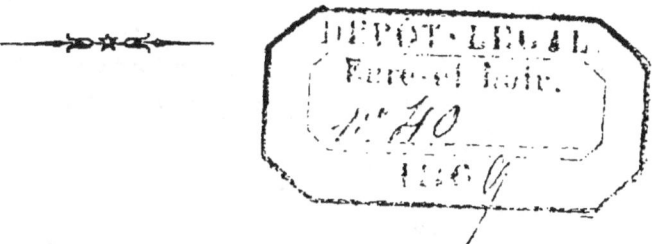

PARIS

LIEPMANNSSOHN ET DUFOUR

ÉDITEURS

11, rue des Saints-Pères

SEPTEMBRE 1869

NOMBRE DU TIRAGE

DU LIVRET DE 1748.

375 exemplaires sur papier vergé.
  25   —   sur papier de Hollande.
  10   —   sur chine.

N°

Ce livret est vendu seul 2 fr. 50.

NOTICE BIBLIOGRAPHIQUE.

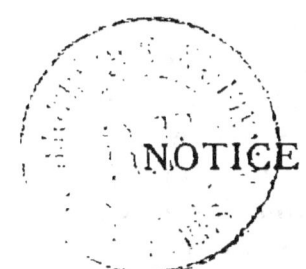

Livret :

Nous avons rencontré trois éditions de ce salon offrant des différences notables; mais il y en a probablement eu un plus grand nombre.

La première édition (de celles du moins que nous ayons vues) a 26 pages et 112 nos. La dernière page presque pleine contient déjà sous la rubrique : Addition, mention des œuvres non numérotées de MM. *Surugue père et fils*. La page 25 tout entière et moitié de la p. 26 sont occupées par la description des sept tableaux de M. *de Troy*, telle qu'elle est conservée sur des tirages postérieurs. Les deux articles de l'Addition sont imprimés en plus petits caractères que le reste du Livret, ce qui permet de supposer l'existence d'une édition antérieure à celles que nous avons trouvées. Cette première édition supposée fut peut-être suivie d'une deuxième, sans l'Addition, mais avec les tableaux de M. *de Troy*, ou réciproquement sans ce supplément, mais avec les deux articles des *Surugue*. Tout cela n'est que conjecture, et nous ne pouvons faire entrer nos hypothèses dans le compte des éditions de ce livret. — Notre premier tirage seul donne l'article complet de *Tardieu fils*, tel que nous le reproduisons, en tête des ouvrages des Agréés de l'Académie. En outre, au lieu de l'article sur *Chaufourrier* qui a reçu le n° 91 *bis* sur la 3ᵉ édition, mais que ni la 1ʳᵉ ni la 2ᵉ ne donnent, cette 3ᵉ édition contient un article relatif à M. *de Larmessin*, que nous donnons à la suite de l'article Chaufourrier, entre [ ]. La mention de Larmessin se retrouve sur l'édition suivante, ainsi que le nom de *Mademoiselle Delepée la jeune* au n° 100, remplacé, sur la dernière édition seulement, par *Madame de* ***.

La deuxième édition connue de nous a le même nombre de pages que la première et 113 nᵒˢ. La page 24 commence au n° 111. Presque tout l'article de *Tardieu le fils* a été supprimé. On n'a plus conservé que : « Un Morceau en largeur, repréſentant un Doĉteur Alchi- » miſte ; d'après D. Teniers. » C'eſt pour cela que nous mettons entre [ ] les autres articles consacrés à ce graveur ne figurant pas sur les dernières éditions. Cette suppression a fait changer la composition des dernières pages et a donné sur la page 24 la place d'ajouter en caractères plus fins les articles relatifs à *Pigalle* et à *Huilliot*, toujours précédés des deux *Surugue* imprimés aussi en petits caractères. L'article de *Pigalle* n'a pas de n° ; celui de *Huilliot* porte le n° 113. Enfin l'exemplaire que nous avons vu ne renfermait pas les pages 25 et 26 relatives à *de Troy* ; mais on peut supposer que cet exemplaire était incomplet.

La troisième édition a 24 pages et 117 nᵒˢ, plus les pages 25 et 26 toujours réservées aux 7 toiles de *de Troy*. L'article relatif à *Vassé* est imprimé en caractères plus fins que sur les éditions précédentes et ne dépasse plus la page 23. La p. 24 commence par l'addition et un article relatif à *Le Moyne fils*, intercalé avant les œuvres des *Surugue*, et portant les nᵒˢ 113 à 116 ; le livret se termine comme le précédent, sauf que l'article *Huilliot* a maintenant le n° 117. C'est le texte de cette dernière édition que nous avons suivi comme le plus complet, suivant notre système ordinaire, en ajoutant entre [ ] certains articles portés sur les éditions antérieures et supprimés sur celle-ci (p. 25, 26, 27 et 28).

Sur aucun des tirages ne se trouve l'arrêt du conseil ni le privilége.

CRITIQUES :

Mercure de France, numéro de septembre, p. 159-164. (On se plaint de la diminution des envois.)

SAINT-YVES : Observations sur les arts et sur quelques morceaux de peinture et sculpture exposés au Louvre, où il est parlé de l'utilité des embellissements dans les villes. — A Leyde, chez Elias Luzac junior. 1748. In-12 de 211 p. et 1 page d'errata.

Lettres sur les peintures, sculpture et architecture. A M.*** 1748. In-12 de 139 pages et 6 de table et d'errata. (Elles contiennent d'abord une Réponse aux Réflexions sur quelques causes de l'état présent, etc., par La Font de Saint-Yenne; puis (p. 53 à 90) une critique des lettres de l'Abbé Le Blanc sur le Salon de 1747; enfin (p. 91-139) un examen du Salon de 1748.

Une seconde édition de ces lettres publiée à Amsterdam, 1749, 12 avec 202 p. de texte et 12 p. de table, débute par les mêmes chapitres que la première; mais la critique du Salon de 1748 va de la p. 91 à 145. Ensuite se trouve réimprimée (p. 149-165) la lettre à M. D***, attribuée à M. Tannevot, dont nous donnons plus loin la désignation, suivie d'une réponse (p. 165-176) sous ce titre : Lettre à M.*** au sujet de celle intitulée : Lettre à M. D***, etc. Enfin le volume se termine (p. 177 à 199) par des observations sur les ouvrages de M. *de Troy* (qui occupaient les deux dernières pages du livret), et par un chapitre sur le choix des sujets pour les Tapisseries. — Comme notre description de cet ouvrage n'était point en tout conforme à la bibliographie des critiques de M. de Montaiglon, nous lui avons donné, vu son importance, une étendue extraordinaire.

Baillet de Saint-Julien. Réflexions sur quelques circonstances présentes contenant deux lettres sur l'exposition des tableaux au Louvre, cette année 1748, à M. le comte de R***, datée du 21 septembre. In-12 de 30 p. et 2 d'errata.

Lettre à M. D*** sur celles qui ont été publiées récemment; concernant la peinture, la sculpture, l'architecture, etc. 1748, in-8°, 15 p. (attribuée à M. Tannevot. Voir plus haut la réimpression de cette lettre).

Lettres écrites de Paris à Bruxelles sur le Salon de peinture de l'année 1748 (à la bibliothèque de l'Arsenal, sciences et arts, n° 214. — Manuscrit in-4° de 63 pages). M. de Montaiglon, qui a donné l'analyse de ces lettres dans la bibliographie des livrets, conclut ainsi: « En somme peu importantes et n'ayant guère de » faits. »

L'interruption des Expositions en 1749 donna lieu à des plaintes dont le souvenir nous a été conservé par une brochure :

Lettre sur la cessation du Salon de peinture, à Madame de R*** le 31 août 1749. A Cologne, 1749, in-12 de 47 p.

EXPLICATION DES PEINTURES,
SCULPTURES,

ET AUTRES OUVRAGES

DE MESSIEURS

DE L'ACADÉMIE ROYALE;

Dont l'Expofition a été ordonnée, fuivant l'intention de SA MAJESTÉ, par M. Le Normand de Tournehem, Directeur & Ordonnateur General des Bâtimens, Jardins, Arts & Manufactures de S. M. dans le grand Salon du Louvre, dont l'arrangement a été conduit par les foins du Sieur Portail, de l'Académie Royale de Peinture & de Sculpture, Garde des Plans & Tableaux du Roy. A commencer le jour de faint Loüis 25. d'Aouft 1748. pour durer un mois.

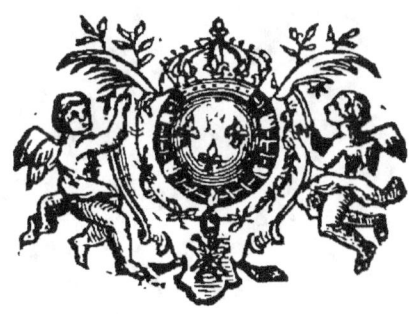

A PARIS, RUE S. JACQUES
De l'Imprimerie de Jacques-François Collombat,
I. Imprimeur du Roy, des Cabinet & Maifon de Sa Majesté, & de l'Académie Royale de Peinture & de Sculpture.

M. DCC. XLVIII.
AVEC PRIVILÉGE DU ROY.

AVERTISSEMENT.

Comme l'Expoſition ſe fait dans un grand Salon quarré, & que l'on a été obligé, pour garder quelque ordre & ſymétrie, de placer de côté & d'autre les Ouvrages d'un même Auteur, l'on a eu attention dans cette Deſcription, de déſigner la hauteur & largeur de tous les Tableaux de grandeur extraordinaire; & à l'égard des autres dont les formes ſont moyennes & petites, on ne pourra manquer de les recon-

noître, ayant le Livre à la main, & de les trouver par le rapport des Numeros qui se trouvent sur chaque sujet de Peinture & de Sculpture.

Et comme l'impression de ce petit Ouvrage ne se donnoit les années précedentes, qu'après tout l'arrangement des Tableaux, dont les Places étoient indiquées, l'on s'est apperçû que le Public s'impatientoit extrémement les premiers jours qu'il attendoit cette Explication. C'est pourquoy on a jugé à propos, pour sa satisfaction, d'y énoncer des Numeros qui se rapportent exactement à chaque sujet, lesquels, sans être de suite, se pourront trouver aisément. Par ce moyen on joüira de cette Description presqu'à l'ouverture du Salon.

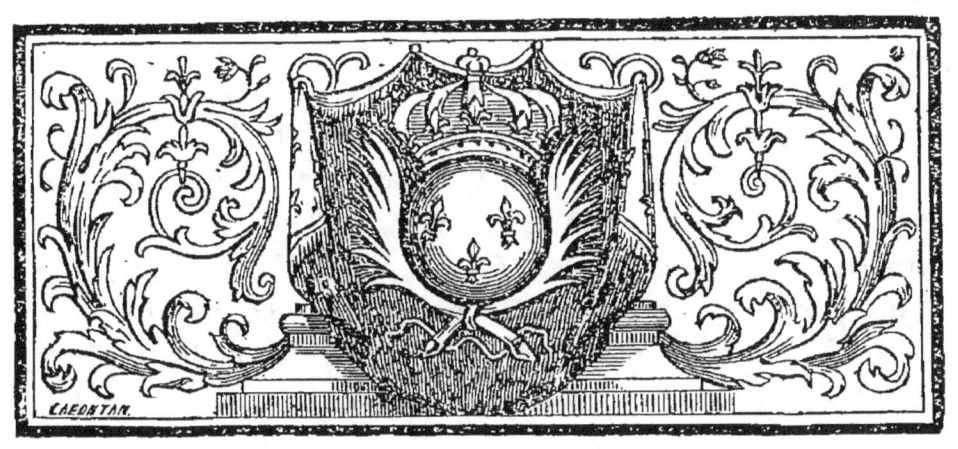

EXPLICATION

Des Peintures, Sculptures, & autres Ouvrages de Messieurs de l'Académie Royale.

De tous les moyens employez pour le progrès des Arts, il ne s'en est point trouvé de plus puissant que les honneurs dont les Princes ont décoré en differens temps ceux qui s'y sont distinguez : En effet ces récompenses les plus flatteuses pour l'amour propre, étendent les bornes du génie, & lui donnent cette chaleur nécessaire pour enfanter ces Ouvrages qui sont l'objet constant de l'admiration des Connoisseurs. S'il en est ainsi des graces répanduës sur les Particuliers, quel effet ne doit point produire sur l'Académie en Corps, celle que le Roy a daigné lui faire de s'en déclarer le Protecteur ? Cette grace lui est trop précieuse pour ne pas faifir la premiere occafion de rendre fa reconnoiffance publique. De quelle émulation ne doit-elle point être animée, en partageant une fi glorieufe prérogative avec les autres Académies, qui font l'ornement de cette Capitale ? fur tout dans une circonstance, où la Paix que Sa Majesté vient de donner à l'Europe, va faire joüir les Arts de cette heureufe tranquillité qui contribuë à leur perfection.

OUVRAGES DE MESSIEURS LES OFFICIERS
de l'Académie.

Par M. *Cazes*, Recteur, & ancien Directeur.

1. Un grand Tableau ceintré, en hauteur de onze pieds fur 6 de large, repréfentant la Multiplication des Pains.

Par M. *de Favanne*, Recteur.

2. Un Tableau, repréfentant Telemaque qui raconte fes Avantures à Calypfo.

3. Son Pendant. Telemaque au milieu des Nymphes qui chantent & lui cüeillent des Fleurs pour l'amufer. Calypfo prend à l'écart Mentor pour le faire parler, & découvrir qui il eft.

4. Autre, repréfentant Telemaque arrivé dans l'Ifle de Chypre, & conduit au Temple de Vénus pour faire fes Offrandes.

5. Autre, repréfentant la Coupe de Jofeph trouvée dans le fac de Benjamin.

6 *bis*. Deux Payſages, repréſentans des Vûës dans l'intérieur de Rome; ſous le même N°.

Par M. *Reſtout*, Adjoint à Recteur.

7. Un grand Tableau en hauteur de 10 pieds ſur 7 de large, repréſentant l'Exaltation de la Sainte Croix. La vraye Croix, & un grand nombre de Chrétiens ayant été pris l'an 614 par Choſroës Roy des Perſes, fut renduë quatorze ans après par Siroës ſon fils, par un traité de Paix qu'il fit avec Héraclius; il lui rendit auſſi tous les Captifs Chrétiens, & entr'autres Zacharie Patriarche de Jeruſalem. C'eſt ce qui a donné lieu à la Fête de l'Exaltation de Sainte Croix. Ce Tableau eſt pour Lyon.

Deux Sujets de Pſyché, deſtinez pour les Appartemens de Madame la Dauphine.

8. Le premier, tiré du Liv. 2. repréſente le moment qu'elle fuit la colere de Vénus, & qu'elle monte à la Roche du Vieillard, lequel avoit deux filles qui gardoient cinq ou ſix Chévres, & s'occupoient à faire des petits paniers de jonc, & autres Ouvrages de cette eſpéce.

9. Autre de même grandeur, repréſentant Pſyché qui ſe jette aux pieds de Vénus, lorſqu'elle eſt à ſa Toilette, pour lui demander grace d'avoir été aimée de ſon Fils. Vénus ordonne à l'Envie, à la Colere & à la Jalouſie de s'emparer de Pſyché & de la maltraiter.

10. *bis*. Deux Tableaux en hauteur de 10 pieds ſur 3 & demi de large, repréſentant les Prophétes Iſaïe & Ezechiel; pour le Seminaire de S. Sulpice; ſous le même N°.

Par M. *Dumont le Romain*, Adjoint
à Recteur.

11. Un Tableau de 5 pieds 2 pouces de haut fur 3 pieds & demi de large, repréfentant la Décolation de Saint Jean. En S. Matthieu, Ch. 14.

12. Un Tableau de 2 pieds 10 pouces de haut fur 2 pieds 4 pouces de large, repréfentant S. Matthieu écrivant fon Evangile.

13. *bis*. Deux Tableaux de 2 pieds de haut fur 1 pied 7 pouces de large, repréfentant une Savoyarde & un Montagnard; fous le même N°.

14. *bis*. Deux Tableaux de huit pouces, ronds, repréfentans un Repos d'Egypte, & un Saint Jean qui prêche au Défert; fous le même N°.

15. Un Tableau de 17 pouces de haut fur 15 pouces de large, repréfentant une Fileufe & fon Enfant.

Par M. *de Tourniere*, ancien Profeffeur.

16. Le Portrait de M. le Marquis de Beauharnois, Lieutenant Général des Armées Navales du Roy, ci-devant Gouverneur de la Nouvelle France, Commandant de l'Ordre Royal & Militaire de Saint Loüis.

17. Un Tableau de même grandeur, repréfentant la Déeffe Flore fous un Berceau de Chevrefeüille.

18. Autre plus petit, repréfentant Hebé, Déeffe de la Jeuneffe.

Par M. *Boucher*, Profeffeur.

19. Un Tableau ovale, repréfentant un Berger, qui montre à joüer de la Flûte à fa Bergere.

20. Autre petit carré, repréſentant une Nativité.

Par M. *Natoire*, Profeſſeur.

21. Un grand Tableau de 21 pieds de long ſur 20 de hauteur, repréſentant le martyre de Saint Ferreol. Il étoit Tribun Militaire dans les Troupes que les Empereurs Diocletien & Maximien entretenoient à Vienne en Dauphiné, dont Chriſpin étoit Gouverneur. Saint Ferreol fut envelopé dans l'horrible perſecution qu'on fit des Chrétiens dans toute l'étenduë de l'Empire Romain, par l'ordre de ces cruels Empereurs. Chriſpin fit mettre en Priſon notre Saint; après avoir employé, pour le ſéduire, les careſſes les plus flatteuſes, & les tourmens les plus vifs, il le condamne au ſupplice. La veille du jour qu'il devoit y être conduit, les chaînes tombent d'elles-mêmes, la Priſon s'ouvre miraculeuſement, le Saint en ſort. Les Soldats qui le gardoient, ſe partagent pour le pourſuivre; il eſt arrêté aux environs du Rhône. On le lie, et dans ce moment de trouble, le Saint uniquement occupé de la récompenſe glorieuſe qui l'attend, rempli de foy & d'eſpérance, reçoit la Couronne du Martyre par les mains d'un de ces Soldats, qui, plein d'un faux zele pour ſes Dieux, lui coupe la tête ſans ordre, dans l'inſtant qu'il arrive de différens endroits des Officiers & des Soldats qui le cherchoient auſſi. On voit dans le même Tableau des Femmes Chrétiennes, qui, mépriſant le danger qui les menace, rendent gloire à Dieu, & lui demandent avec ferveur de participer aux mêmes graces que le Saint. Ce Tableau eſt deſtiné pour Marſeille, & doit être placé dans l'Egliſe Paroiſſiale de Saint Ferreol.

Par M. *Oudry*, Profeſſeur.

Quatre Tableaux d'environ 5 pieds de large ſur 4 de hauteur, faits pour M. de Trudaine, pour être poſez dans ſon Château de Montigny; repréſentans

22. Un Chien en arrêt ſur des Faiſans, dont un pintelé.

23. Un Barbet qui ſurprend des Canards.

24. Un Oyſeau de proye qui enleve une Perdrix, & d'autres épouvantées.

25. Un Renard qui tient un Coq, & une Poule qui veut défendre ſes Pouſſins.

26. Autre, repréſentant une petite Chienne, peinte d'après nature, ſortant de ſa Loge, appartenante à M. de Savalette, Fermier Général.

27. Autre de 11 pieds de large ſur 8 de haut, repréſentant une Lais avec ſes Marcaſſins, attaquez par des Dogues de la forte race; appartenant à l'Auteur.

28. Autre d'environ 5 pieds & demi de long ſur 4 de haut, repréſentant un Butor attaché par la patte, une Perdrix & un Chien à l'ombre; à l'Auteur.

Deux Payſages peints d'après nature, de 4 pieds & demi de large ſur 3 pieds & demi de haut.

29. L'un repréſente une Vûë de la Forêt de Saint Germain; dans la vieille Futaye paroît une Chaſſe du Loup.

30. L'autre, une vieille Carriere proche Vitry, où arrive un Cerf pourſuivi par des Chiens; à l'Auteur.

Deux petits Payſages de même grandeur.

31. L'un repréſente une Vûë de l'Abbaye de Poiſſy;

de l'autre côté de la Riviere paroît un Berger qui dort, & des Moutons.

32. L'autre, une Vûe du Pont de S. Jean à Beauvais, avec un Barbet & des Canards; à l'Auteur.

33. Autre de 5 pieds fur 4 de haut, repréfentant un Barbet qui furprend un Heron. Auprès, un Butor dans des Rofeaux; à l'Auteur.

Deux petits Tableaux peints fur cuivre, de 8 pouces de large fur 6 de haut.

34. L'un repréfente un Liévre & une Perdrix attachez à un Arbre; deux Chiens, dont l'un dort.

33. L'autre, un Chien en arrêt fur des Faifans qui font dans des Bleds; appartenant à M.***

Par M. *Adam*, *l'aîné*, Profeffeur.

36. Modéle d'un Groupe en terre cuite, repréfentant trois Enfans qui joüent avec un Bouc & un fep de Vigne; l'un defdits Enfans repréfente Bacchus. Ce Groupe appartient à l'Auteur, qui peut l'exécuter en marbre.

37. Un Efquiffe de terre cuite, compofée de plufieurs Figures, repréfentans une Action militaire avec des Attributs fur le Piedeftal.

Par M. *Pierre*, Ecuyer, Profeffeur.

38. Un Tableau en hauteur de 9 pieds fur 5 de large, repréfentant le Martyre de S. Thomas, Archevêque de Cantorbery.

39 *bis*. Deux petits Tableaux, repréfentans deux Bacchanales; fous le même N°.

40 *bis*. Deux Bambochades, l'une de Payſans qui ſe baignent, l'autre une Fête dans un Camp; ſous le même N°.

41 *bis*. Deux deſſus de Porte pour l'Appartement de M. le Dauphin; l'un repréſente Junon qui demande à Vénus ſa Ceinture; l'autre, Junon qui trompe Jupiter avec cette Ceinture; ſous le même N°.

42. Un Bacchanale de Marmotte.

43. Une Tête au Paſtel, repréſentant la Poëſie.

Par M. *Nattier*, Adjoint à Profeſſeur.

44. Le Portrait de la Reine.

45. Le Portrait des deux Dames de France, qui ſont à l'Abbaye de Fontevrault; Madame Loüiſe tenant des Fleurs.

46. Madame Sophie tenant ſon Voile.

47. Le Portrait au Paſtel de M. de Meaupeou, Premier Préſident.

Par M. *Slodtz*, Adjoint à Profeſſeur.

Pluſieurs Eſquiſſes en terre cuite, repréſentans diverſes Figures avec leurs Attributs.

A. La Tragédie, tenant de la main droite un Poignard, & de la gauche une Couronne avec un Sceptre.

B. La Comédie, couronnée de feüilles de Lierre, tenant un Maſque.

C. Le Prix, ou la Récompenſe, tenant de la main gauche une couronne de Lauriers, avec des Palmes; & de l'autre, des branches de Chêne, & des Médailles.

D. L'Origine de l'Amour, repréfentée par ce Dieu, tenant un Flambeau, avec un Miroir ardent.

E. Pomone, dans le moment que Vertumne ôte fon Mafque.

F. Un Amour qui enchaîne de Fleurs un Griffon.

Plufieurs de ces Efquiffes doivent être exécutez de grandeur naturelle.

Par M. *Hallé*, Adjoint à Profeffeur.

48. Un grand Tableau, repréfentant la Difpute de Neptune & de Pallas.

49. Autre de même grandeur, repréfentant Jofeph accufé par Putiphar.

50. Autre plus grand, repréfentant Hercule & Omphale.

51. Autre plus petit, repréfentant une Sainte Famille.

52. Une Tête de Vieillard, peinte d'après nature.

Par M. *Chardin*, Confeiller de l'Académie.

53. Un Tableau repréfentant l'Eleve Studieux, pour fervir de Pendant à ceux qui font partis l'année derniere pour la Cour de Suede.

Par M. *Tocqué*, Confeiller de l'Académie.

54. Le Portrait en pied de feuë Madame la Dauphine, Princeffe d'Efpagne.

55. Le Portrait de M. l'Abbé de Lowendal.

56. Celui de M. Selon de Londres, tenant fon Chapeau.

Par M. *Aved*, Conseiller de l'Académie.

57. Le Portrait, jusqu'aux genoüils, d'un Echevin.

58. Autre, représentant une Dame appuyée sur un Balcon.

59. Le Portrait de Madame de Laval-Montmorency, à présent Duchesse de Loos de Cosse Warem.

60. Le Portrait d'une Dame ayant les mains dans son Manchon.

61. Autre, représentant M. le Duc de Chevreuse en Cuirasse.

OUVRAGES

de Messieurs les Académiciens.

Par M. *Courtin*.

62. Un petit Tableau, représentant Agar & son fils Ismaël.

Par M. *La Joue*.

63. Un Tableau en hauteur de 5 pieds sur 4, représentant un Palais orné de Sculpture. Dans le fond du Tableau, on voit un Escalier qui conduit sur une Terrasse près d'un Canal environné de Cascades, & sur le devant des Figures.

Par M. *Francisque Milet*.

64. Un Paysage, orné de Figures & d'Animaux.

Par M. *de Lobel.*

65. Un Tableau ceintré, en hauteur de 9 pieds fur 8 de large, repréfentant une Annonciation, pour l'Eglife Royale & Paroiffiale de Paffy.

Par M. *Boizot.*

66. Un Tableau repréfentant les Mufes, qui, après avoir enchaîné l'Amour, le remettent entre les mains de la Beauté. Tiré d'une Ode d'Anacréon.

67. Autre petit, repréfentant le Portrait d'un Enfant de l'Auteur.

Par M. *Poitreau.*

68. Un Payfage, en largeur de 4 pieds fur 3, où paroît une Ferme, un Pont, & des Figures fur le devant.

Par M. *Autreau.*

69. Le Portrait d'un R. P. Jacobin.

70. Celui de M.*** ayant une Vefte bleuë brodée d'or.

Par M. *Nonnotte.*

71. Un grand Portrait, jufqu'aux genoüils, de M.*** dans fon Cabinet.

72. Celui d'un Religieux, Frere de l'Auteur, repréfentant l'Etude.

Par M. *Antoine le Bel.*

73 *bis*. Deux petites Marines, l'une repréfente un Calme, l'autre une Mer agitée; fous le même N°.

74 *bis*. Deux Tableaux de même grandeur, l'un repréfente un Payfage où paroît un Moulin, l'autre un Cabaret des environs de Surenne; fous le même N°.

75. Autre plus petit repréfentant une Ruine.

76. Autre, repréfentant trois Chaumieres, d'après nature.

Par M. *de la Tour.*

Portraits au Paftel repréfentans

77. Le Roy.
78. La Reine.
79. Le Dauphin.
80. Le Prince Edoüard.
81. M. le Maréchal de Belleifle.
82. M. le Maréchal de Saxe.
83. M. le Maréchal de Lowendal.
84. M. le Comte de Saffenage.
85. M.***
86. M.***
87. M. de Moncrif, de l'Académie Françoife.
88. Madame ***.
89. M. du Clos, de l'Académie Françoife & Belles Lettres.
89 *bis*. Madame ***.
89 *bis*. M. Du Mont le Romain, Adjoint à Recteur.

Par M. *Le Sueur.*

90. Le Portrait de Madame *** appuyée fur un Carreau, tenant un Livre.

91. Autre Portrait de Madame ***, les mains dans son Manchon.

OUVRAGES AU BURIN

de Messieurs les Graveurs de l'Académie.

Par M. *Duchange*, Conseiller de l'Académie.

Un Morceau gravé, représentant Jesus au Berceau, d'après un Pastel de M. Coypel, Ecuyer, Premier Peintre du Roy, Directeur de l'Académie.

Par M. *Lepicié*, Sécretaire perpetuel, & Historiographe de l'Académie.

Un Bacha faisant peindre sa Maîtresse ; d'après M. Carlo Van-Loo, Professeur.

Par M. *Tardieu, le pere.*

Une Vûë de l'Abbaye de Poissy, du côté de la Forêt de S. Germain, d'après le Tableau au Pastel de M. Oudry, Professeur.

Par M. *Chaufourrier*, Adjoint à Professeur, pour la Perspective.

91 *bis*. Six Morceaux de ses Ouvrages, tant à l'huile, au Pastel, gravûre que desseins, sous le même numero.

[1ʳᵉ *et* 2ᵉ *edit.* :

Par M. *de Larmeſſin.*

Le Portrait gravé de M. de Woldemar de Lowendal, Comte du S. Empire, Maréchal de France, Chevalier des Ordres du Roy; d'après M. Boucher, Professeur.]

Par M. *Moyreau.*

L'Accident du Chaſſeur.

La Fontaine de Neptune.

La Grotte du Maréchal; d'après Philippe Wouvremens.

Par M. *Daullé.*

Douze Morceaux gravez.

Par M. *Le Bas.*

Trois Fêtes flamandes; d'après David Teniers.

Vûë de Santuliet, Village d'Hollande; d'après Wanderver.

Vûë de Schevelinge, auſſi Village de Hollande; d'après le même.

Le Maître Galant; d'après Lancret.

OUVRAGES

de Meſſieurs les Agréez de l'Académie.

Par M. *Tardieu, fils,* Graveur.

[1ʳᵉ *edit.:* Le Portrait gravé de l'Archevêque, Electeur de Cologne.

Celui de M. le Duc de Sully, auteur des Mémoires fur l'Hiftoire d'Henry IV.

Celui de Madame du Boccage ; d'après le Tableau peint par Mademoifelle Loir.]

Un Morceau en largeur, repréfentant un Docteur Alchimifte ; d'après D. Teniers.

[1re *edit.* : Quatre Sujets en hauteur, dont deux repréfentent differens Habillemens des Peuples Orientaux.

Les deux autres, des Animaux ; d'après les Deffeins de M. Cochin fils.]

Par M. *Falconnet*.

92. Un Modéle en plâtre de 4 pieds de hauteur, repréfentant la France qui embraffe le Bufte du Roy, avec cette Devife,

LUDOVICO XV
VICTORI
PACIFICATORI
PATRI PATRIÆ

Ce Modéle doit être exécuté en marbre de même grandeur, pour le Roy.

Par M. *Loir*.

93. Un Portrait en Paftel de Madame de Julienne.
94. Celui de Mademoifelle de Billy.

Par M. *Peronneau*.
Six Portraits.

95. Celui du Révérendiffime ***, Abbé Régulier de Paris, peint à l'Huile.

96. Autre au Pastel, de M. Olivier en Habit de velours, appuyé sur une Table.

97. Celui de Madame son Epouse, habillée d'une Robbe de Pequin.

98. Celui de M. *** de l'Académie Royale de Musique.

99. Mademoiselle Amedée de l'Opera, en Domino noir.

100. Madame... [1re *et* 2e *edit.*: Mademoiselle Delepée la jeune] en Habit couleur de rose.

Par M. *Guay*.

101. Un Cadre, qui renferme sous glace l'Empreinte de plusieurs Pierres gravées, entr'autres, celle représentant Apollon qui couronne le Génie de la Peinture & de la Sculpture, avec ses Attributs; pour sa Réception à l'Académie. Autre, représentant une Leda dans l'eau.

Par M. *Vernet*, de Rome.

Deux Tableaux.

102. L'un représente un Incendie.

103. L'autre un clair de Lune.

Par M. *Oudry*, *fils*.

104. Un Tableau de 5 pieds sur 4, représentant des Instrumens de Musique; appartenant à l'Auteur.

105. Autre de même grandeur, représentant un Chien flairant du Gibier, & auprès un Fusil; appartenant à M. le Bel, Premier Valet de Chambre du Roy.

106. Autre plus petit, repréfentant un Lievre & une Perdrix attachez à un tronc d'Arbre; appartenant à l'Auteur.

107. Autre, repréfentant des Fruits; au même.

108. Autre de même grandeur, repréfentant un Vafe auquel eft attaché du Gibier; à l'Auteur.

Par M. *Vaffé*.

109. Un Modéle en plâtre, repréfentant un Berger qui dort.

110. Un Bufte de Mademoifelle ***, en terre cuite.

111. Efquiffe en terre, d'une Chaffereffe.

112. Modéle en plâtre d'un Tombeau, repréfenté par une Femme qui pleure fur une Urne, qu'elle couvre de fa Draperie.

ADDITION.

Par M. *Le Moyne*, *fils*, Profeffeur.

113. Mademoifelle de Bonnac.

114. M. de Fontenelle.

115. M. de Voltaire.

116. M. De la Tour.

Par M. *Surugue*, *le pere*.

Divertiffement Hollandois. De Teniers.

Par M. *Surugue*, *fils*.

L'Entretien. De Teniers.

Par M. *Pigalle*, Adjoint à Profeſſeur.

L'on verra dans ſon Attelier, Cour du vieux Louvre, les deux Figures en marbre de 7 pieds de proportion; l'une repréſente Mercure; & l'autre Venus. Deſtinées pour le Roy de Pruſſe.

Une Statuë de marbre de même grandeur, repréſentant la Sainte Vierge; Pour une Chapelle des Invalides.

Par M. *Huilliot*.

N° 117. Deux Tableaux de 3 pieds ſur 2, repréſentans des Fontaines ornées de Guirlandes de Fleurs, & de quelques Animaux à plumes & à poil.

DANS LA GALLERIE

d'Apollon.

Par M. *de Troy*, Ecuyer, Chevalier de l'Ordre de S. Michel, Conseiller-Sécretaire du Roy, Ancien Recteur de l'Académie Royale de Peinture & de Sculpture, & Directeur de celle de France à Rome.

7. Tableaux tirez d'Ovide, Liv. 7.
Chapitre I.

Num. 1. Médée, fille du Roy Æetés, inspirée par l'Amour fait promettre à Jason, dans le Temple de Diane, qu'il n'auroit jamais d'autre Epouse qu'elle, & luy remet l'herbe enchantée qui doit le rendre vainqueur du Monstre gardien de la Toison d'Or.

2. Jason dans le Champ de Mars, en présence du Roy & de tous les habitans de Colchos, assujetit au joug les Taureaux consacrez à ce Dieu.

3. Jason, après avoir semé les dents du Serpent, & se voyant attaqué par les Soldats qu'elles avoient fait naître tous armez, lance au milieu d'eux une pierre, dont l'effet enchanteur leur fait tourner contr'eux leurs propres armes.

4. Jason ayant, par la vertu des herbes, endormi le Dragon, gardien de la Toison d'Or, se saisit sans obstacle de la riche depoüille du Mouton de Phryxus, & fut en Thessalie, accompagné de sa Maîtresse.

5. Jason infidéle à Médée, épouse Creuse, fille de Créon, Roy de Corinthe.

6. Médée, pour se vanger avec éclat de sa Rivale, luy

fait prefent d'une Robe empoifonnée, qui luy caufe la mort ainfi qu'à Créon fon pere.

7. Medée met le comble à fa vengeance, en poignardant deux Fils qu'elle avoit eu de Jafon. Elle fe dérobe à fes coups, par le fecours d'un Char attelé de deux Dragons volans, après avoir réduit en cendres le Palais de Créon.

Le tout rédigé & mis en ordre par les foins de
J. B. Reydellet, Receveur & Concierge
de l'Académie.

CONDITIONS DE LA SOUSCRIPTION

À LA

RÉIMPRESSION DES ANCIENS LIVRETS

Chaque volume sera livré aux souscripteurs moyennant le prix :
De 1 fr. 25 sur papier vergé ;
De 2 fr. 50 sur papier de Hollande ;
De 3 fr. sur papier de Chine.

Les souscripteurs de Paris recevront les volumes à domicile. Ceux de province ou de l'étranger pourront se les faire envoyer en payant en surplus les frais de poste, s'ils ne préfèrent les faire réclamer aux bureaux de souscription.

On souscrit :

Chez : MM. LIEPMANNSSOHN ET DUFOUR, libraires, 11, rue des Saints-Pères.

NOTA : A partir du mois de Janvier la table générale des quarante-deux livrets réimprimés ne sera plus livrée gratuitement aux nouveaux souscripteurs.

On trouve à la même librairie,

LE DUC D'ANTIN ET LOUIS XIV, rapport sur l'administration des bâtiments annotés par le Roi, publiés avec une préface, par J.-J. Guiffrey.

Sous presse,

LES ARTISTES FRANÇAIS, NOTICES ET DOCUMENTS pour faire suite aux *Archives de l'art français*, publiés par MM. An. de Montaiglon et J.-J. Guiffrey. Un fort volume sur papier vergé tiré à petit nombre, titre en deux couleurs. Prix, 12 fr.

Nogent-le-Rotrou, imprimerie de A. Gouverneur.

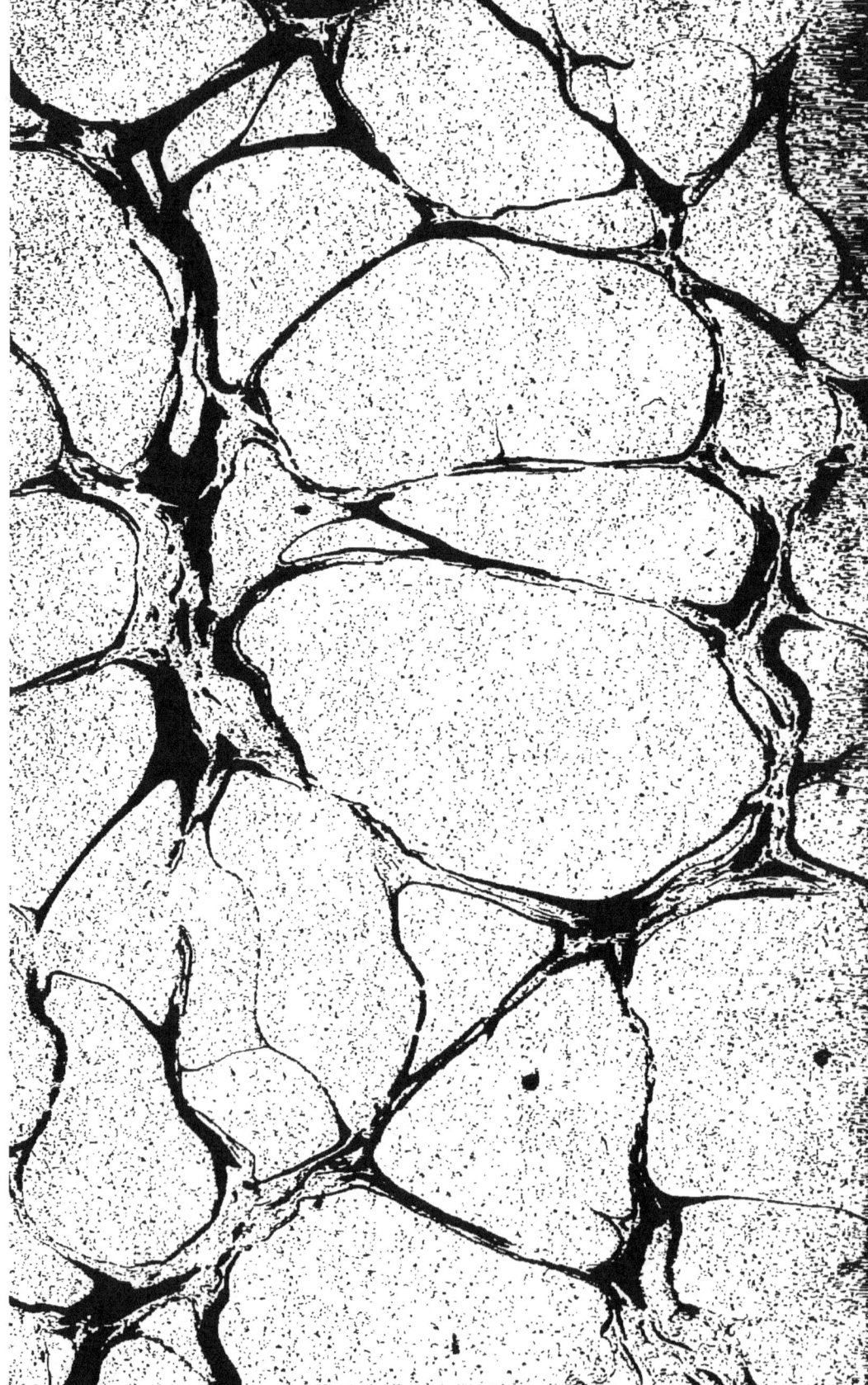

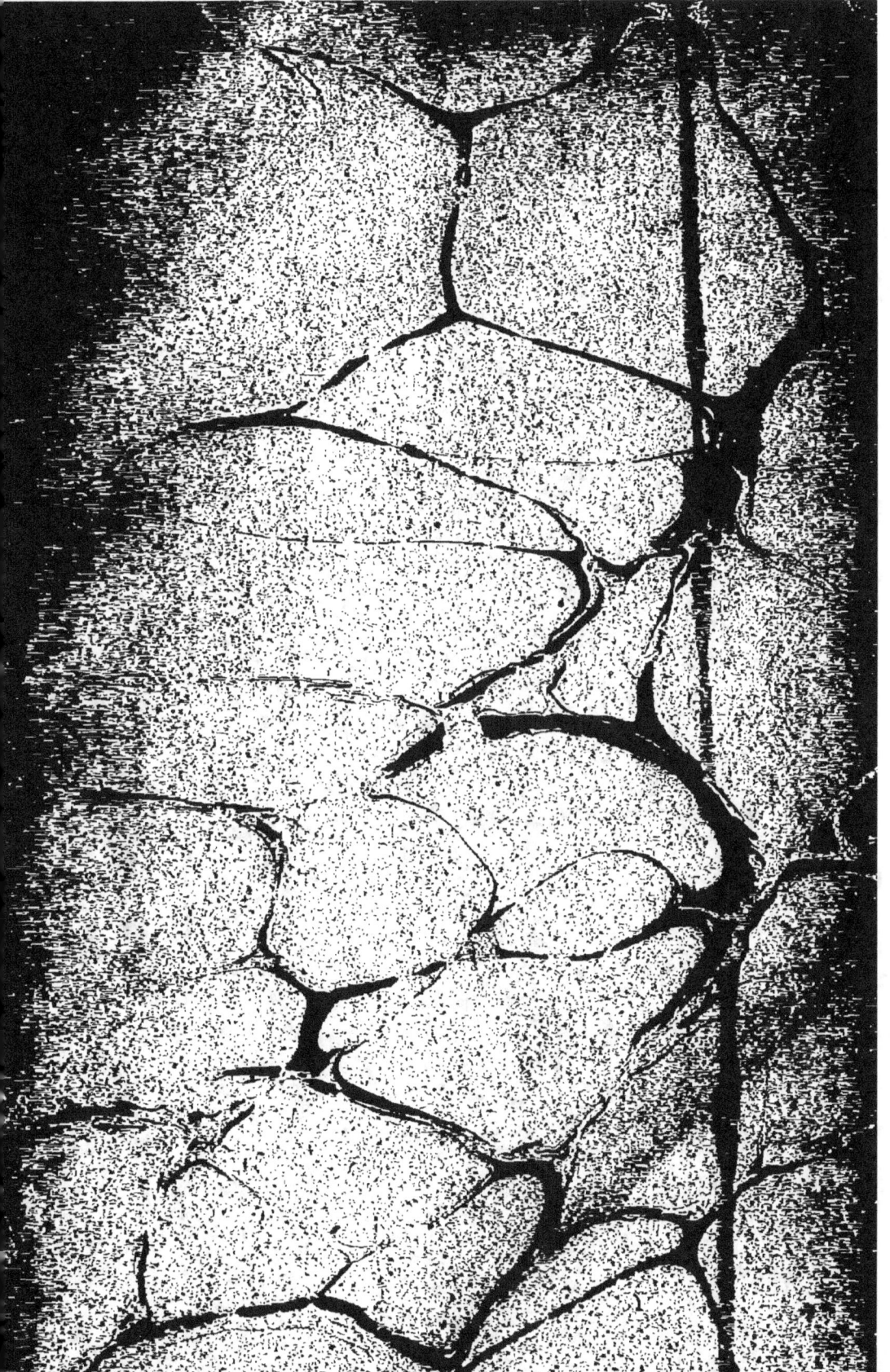

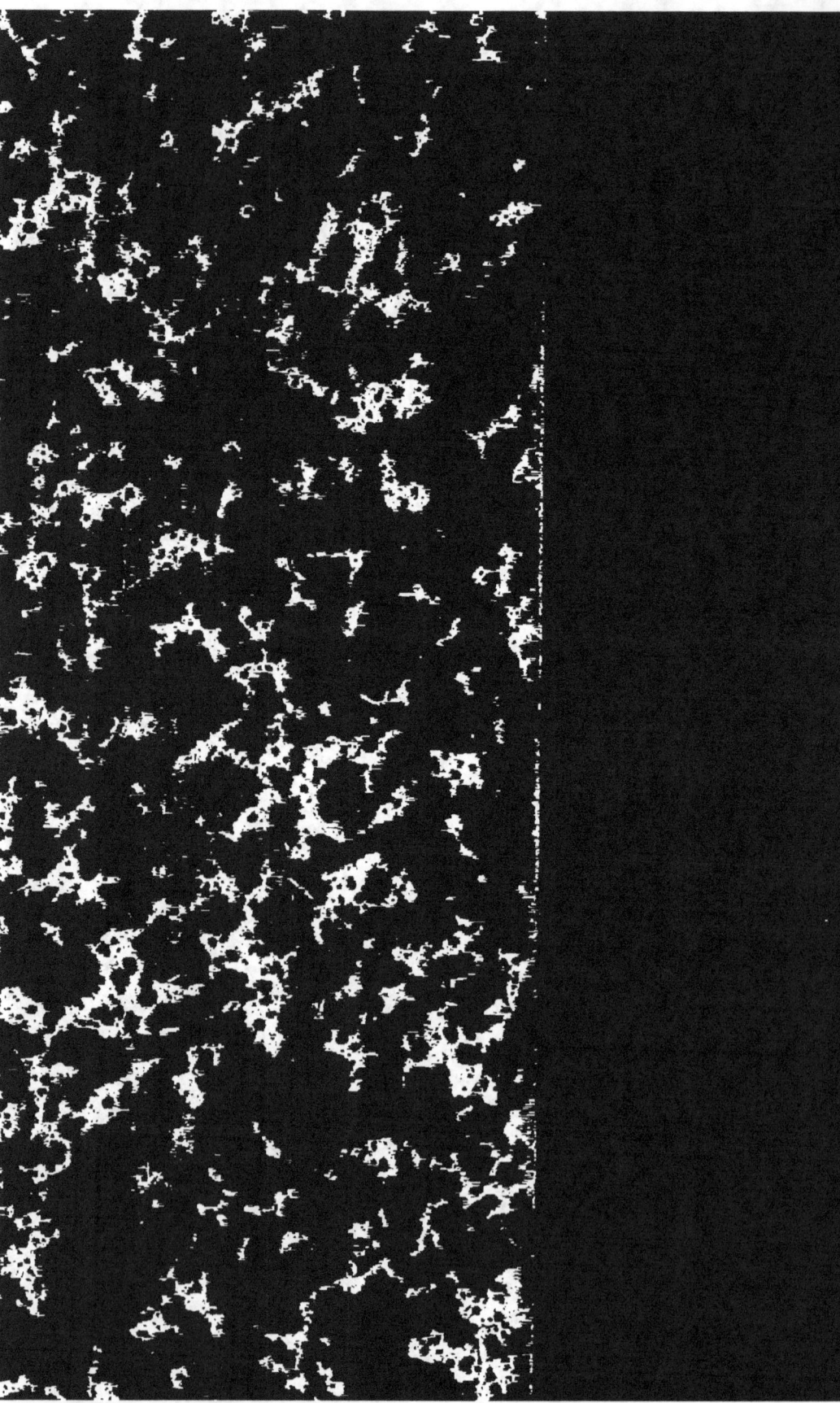

www.ingramcontent.com/pod-product-compliance
Lightning Source LLC
Chambersburg PA
CBHW030056230526
45471CB00003B/1122